BEI GRIN MACHT SICH IHR WISSEN BEZAHLT

AF145757

- Wir veröffentlichen Ihre Hausarbeit, Bachelor- und Masterarbeit

- Ihr eigenes eBook und Buch - weltweit in allen wichtigen Shops

- Verdienen Sie an jedem Verkauf

Jetzt bei www.GRIN.com hochladen und kostenlos publizieren

Bibliografische Information der Deutschen Nationalbibliothek:

Die Deutsche Bibliothek verzeichnet diese Publikation in der Deutschen National-
bibliografie; detaillierte bibliografische Daten sind im Internet über http://dnb.d-
nb.de/ abrufbar.

Impressum:

Copyright © 2108 GRIN Verlag
Druck und Bindung: Books on Demand GmbH, Norderstedt Germany
ISBN: 9783668816633

Dieses Buch bei GRIN:

https://www.grin.com/document/444817

Vanessa Jaschner

Über nonverbale Kommunikation, Kommunikationsmodelle & Moderation. Eine Analyse verschiedener Kommunikationsformen

GRIN Verlag

GRIN - Your knowledge has value

Der GRIN Verlag publiziert seit 1998 wissenschaftliche Arbeiten von Studenten, Hochschullehrern und anderen Akademikern als eBook und gedrucktes Buch. Die Verlagswebsite www.grin.com ist die ideale Plattform zur Veröffentlichung von Hausarbeiten, Abschlussarbeiten, wissenschaftlichen Aufsätzen, Dissertationen und Fachbüchern.

Besuchen Sie uns im Internet:

http://www.grin.com/

http://www.facebook.com/grincom

http://www.twitter.com/grin_com

Einsendeaufgabe

Modul: Kommunikation und Führung

Alternative C

Eingereicht am 27.07.2018

Inhaltsverzeichnis

4

Abbildungsverzeichnis

Abkürzungsverzeichnis

bzw. =   beziehungsweise

bzgl. =   bezüglich

d.h. =   das heißt

z.B. =   zum Beispiel

lt. =   laut, gemäß

u.a. =   unter anderem

C1: Nonverbale Kommunikation und Körpersprache

Nonverbale Kommunikation beinhaltet eine Reihe von Ausdrucksformen, wie zum Beispiel die Körpersprache, die Körperhaltung, haptische Signale, das äußere Erscheinungsbild, Gestik und Mimik und die Proxemik (= räumliches Verhalten).[1] Im Folgenden wird der Begriff der nonverbalen Kommunikation von dem der Körpersprache abgegrenzt.

1.1. Körpersprache

Die Begriffe der nonverbalen Kommunikation und der Körpersprache werden im Alltag oft synonym miteinander verwendet. Differenzierter betrachtet ist allerdings die Körpersprache eine der Ausdrucksformen nonverbaler Kommunikation. So kommuniziert beispielsweise ein Porschefahrer der, um seinen Status zu demonstrieren, immer wieder mit laut aufheulendem Motor an einem Straßencafé vorbeifährt, kommuniziert seinen Status non-verbal, über sein Auto, wobei der Körper nicht als Kommunikationsmedium in Erscheinung tritt.[2] Zu den non-verbalen Kommunikationsmethoden zählen neben der Körpersprache, die haptischen Signale, (kleine, meist unbewusste Gesten die das Gesagte unterstreichen), die Proxemik, welches das Verhalten im Raum beschreibt (wie sich der Abstand zwischen zwei ein Gesprächspartner gestaltet oder in welchem Abstand der Moderator vor seinem Publikum steht) und die physische Charakteristika.[3] Zu den physischen Charakteristika zählen zum Beispiel die Körpergröße, die Kleidung und im allgemeinen auch die physische Attraktivität des Gesprächspartners. So werden attraktivere Menschen als freundlicher und kompetenter eingeschätzt als weniger attraktivere. Des Weiteren werden größere Männer als dominanter und unabhängiger wahrgenommen, als ihre kleineren Kollegen.[4]

---

[1] *Röhner/Schütz, S. 66*
[2] *Röhner/Schütz, S. 72*
[3] *Röhner/Schütz, S. 70*
[4] *Röhner/Schütz, S. 80*

Haptische Signale   Körpersprache

Proxemik   Physische Charakteristika

Abbildung 1: Nonverbale Kommunikation[5]

Die reine Körpersprache zeichnet sich dadurch aus, dass der Körper und nur dieser als Kommunikationsmittel eingesetzt wird. Ein Kopfnicken kann zum Beispiel als eine Kommunikationsform der Körpersprache bezeichnet werden. Weitere Parameter der Körpersprache sind **Gestik** und **Mimik**, sowie **Kopfbewegungen, Blickkontakt** und die **Körperhaltung.**[6]

1.2. Wirkung der Körpersprache

Körpersprache kann, wie andere Sprachen auch, mittels Vokabeln erlernt werden. Dabei muss verstanden werden, was jedes einzelne körpersprachliche Signal für eine Wirkung hat, um im Anschluss die Möglichkeit zu haben aus den einzelnen Faktoren auf einen Gesamteindruck zu schließen.[7] Oft wird die Bedeutung der Körpersprache unterschätzt, denn selbst wenn nichts gesagt wird, so spricht doch der Körper.[8]

---

[5] *Röhner/Schütz, S. 70*
[6] *Röhner/Schütz, S. 70*
[7] *Püttjer/Schnierda, S. 60*
[8] *Püttjer/Schnierda, S. 32*

Im Folgenden werden die unterschiedlichen körpersprachlichen Signale und Ihre jeweilige Wirkung näher betrachtet:

Gestik

Unter Gestik versteht man intuitive Arm-, Hand und Fingerbewegungen, welche das Gesagte untermauern und besondere Aussagen hervorheben. Diese werden Illustratoren genannt. Gesten können aber auch ohne begleitende Worte einen eindeutigen Mitteilungszweck erfüllen. Wenn zum Beispiel zum Abschied ein liebevoller Luftkuss zugeworfen wird, dürfte die Botschaft auch ohne Worte eindeutig sein.[9] Diese Gesten, welche die verbale Sprache gänzlich ersetzen, werden Embleme genannt. Ein weiteres Beispiel für ein Emblem ist z.B. der Applaus als Ausdruck des Lobs.[10] Des Weitern können Gesten im Hinblick auf ihre Aussageintention kategorisiert werden. Zu den gebräuchlichsten Kategorien zählen die Aggressionsgesten, die Unsicherheitsgesten und die Kooperationsgesten. [11] Eine oft zu beobachtende Aggressionsgeste sind die verschränkten Arme vor der Brust, insbesondere wenn die Hände zusätzlich noch zu Fäusten geballt sind. Allerdings kann diese Geste, je nach Kontext, durchaus auch zur Kategorie der Unsicherheitsgesten gezählt werden. Es ist deswegen unabdinglich die situativen Gegebenheiten und verbalen Äußerungen bei der Interpretation ebenfalls mit zu berücksichtigen. Unsicherheitsgesten lassen sich mit etwas Vorwissen fast in jedem Gespräch entdecken. Wenn sich zum Beispiel der Gesprächspartner nach einer Frage am Kopf kratzt, kann das ein Zeichen dafür sein, dass er Zeit gewinnen möchte oder der Antwort aus dem Weg geht. Will jemand überhaupt nicht antworten ist ein sehr eindeutiges Zeichen, dass die Hand zum Gesicht geführt wird. Man möchte sich so zusagen „den Mund zu halten".
Kooperationsgesten können auch als Friedensgesten bezeichnet werden. Eine solche kooperative, einladende Wirkung haben zum Beispiel offene Handflächen oder auch die als „Merkel- Raute" bekannte Geste der deutschen Bundeskanzlerin Angela Merkel.

---

[9] Püttjer/Schnierda, S. 70
[10] Röhner/Schütz, 72-f.
[11] Püttjer/Schnierda, 70-ff.

Mimik

Über den Gesichtsausdruck (Mimik) wird bestimmt wie eine Person vom Gesprächspartner wahrgenommen wird. Schon kleine Änderungen im Gesicht, ein Stirnrunzeln oder das Aufreißen der Augen, haben zu Folge, dass die Nachricht verändert vom Gesprächspartner aufgenommen wird. So werden lächelnde Personen oft als hilfsbereiter und freundlicher eingestuft als Personen mit einer neutralen Mimik. Die Mimik umfasst des Weiteren Veränderungen im Bereich der Stirn, der Augen und auch die mit der Nase kann gesprochen werden. Wird die Stirn zum Beispiel in waagrechte Falten gelegt und mit weit aufgerissenen Augen kombiniert so wird einer bestimmten Sache große Aufmerksamkeit gewidmet.[12] Neben der Wirkung der Mimik auf die Umwelt, hat der Gesichtsausdruck auch eine Wirkung auf die Person selbst. So wurde in Studien nachgewiesen, dass sich durch die Aktivierung des Lachmuskels Personen zufriedener fühlen, selbst wenn der Muskel nicht durch natürliches Lachen aktiviert wird. Dieser Effekt wird als die „Facial-Feed-Hypothese" beschrieben.[13]

Körperhaltung

Aus den unterschiedlichen Körperhaltungen, also wie jemand sitzt, steht oder geht, kann entnommen werden, wie die Person zu sich selbst, bzw. zu ihrer Umwelt steht. „Steht sie zum Beispiel mit beiden Beinen im Leben" oder zeigt sie dem Gesprächspartner „die kalte Schulter". Dabei muss allerdings beachtet werden, dass Körperhaltungen, bzw. auch der Gang von eventuellen körperlichen Beschwerden beeinflusst sein kann.

Weitere körpersprachliche Ausdrucksformen sind der Blick oder Augenkontakt und Kopfbewegungen. Auf diese wird hier aufgrund von Kapazitätsgründen nicht näher eingegangen.

---

[12] *Püttjer/Schnierda, S. 63*
[13] *Röhner/Schütz, S. 75*

1.3. Der ganze Körper spricht

Samy Molcho beschreibt die Körpersprache wie folgt: „Der Körper ist der Handschuh der Seele, seine Sprache das Wort des Herzens."[14]

Betrachtet man diesen Satz etwas genauer, so wird die enorme Bedeutung der Körpersprache deutlich. Körperliche Signale werden unbewusst vom Gesprächspartner wahrgenommen und können nicht ignoriert werden. Auch wenn in Gesprächssituationen nichts gesagt wird, findet mittels der körperlichen Signale eine Kommunikation statt.[15]

Diese Aussage machte auch Paul Watzlawik (1929-2007) in seinem 1. Axiom: „Man kann nicht nicht kommunizieren." Er begründete diese Aussage, indem er postulierte, dass es zu Verhalten bzw. Kommunikation kein Gegenteil gibt. Man kann sich also nicht „Nicht-Verhalten". Denn selbst eine Kommunikationsverweigerung hat einen Mitteilungscharakter, nämlich den, nicht sprechen zu wollen[16]. Zur Entschlüsselung der zwischenmenschlichen Kommunikation ist es demnach notwendig einzelne körpersprachliche Signale in Beziehung zueinander zu setzen, um die Botschaft richtig interpretieren zu können. Werden lediglich einzelne körpersprachliche Signale betrachtet, kann dies oft zu Fehleinschätzungen führen. Zusätzlich müssen situative und kontextbezogene Faktoren, wie zum Beispiel die Distanz zum Gesprächspartner, die Körperspannung oder der Tonfall mitbetrachtet werden [17].

Stimmen Körpersprache und verbale Artikulation nicht überein, leidet beim Gegenüber die Glaubwürdigkeit. Diese Diskrepanz wird als inkongruentes Verhalten bezeichnet. Um authentisch und ernst genommen zu werden, müssen Worte und körperliche Artikulation übereinstimmen. Als Beispiel kann ein Vorgesetzter beschrieben werden, welcher seinen Mitarbeiter bzgl. eines Fehlverhalten zurechtweisen möchte, dies aber mit einem Lächeln und einem unsicheren Blick tut. Beim Gegenüber entsteht so der Eindruck, dass der Vorgesetzte unsicher ist. Es wird ihm somit keine Autorität zugesprochen und es wäre demzufolge nicht verwunderlich, wenn der Mitarbeiter die Zurechtweisung nicht ernst nimmt.

---

[14] *Molcho/Klinger/Lusznat (1986), S. 30*
[15] *Püttjer/Schnierda, S. 32*
[16] *Watzlawick/Beavin/Jackson (2011), S. 58*
[17] *Püttjer/Schnierda, S. 61*

Stimmen Körpersprache und Gesprochenes überein, wird die Person als authentisch wahrgenommen. Am vorherigen Beispiel ist dies der Fall, wenn der Vorgesetze mit bestimmendem Tonfall und einem ernsten Blick den Mitarbeiter zurechtweisen würde. Der Mitarbeiter würde demzufolge sehr wahrscheinlich die Vorwürfe des Vorgesetzes ernst nehmen. An diesem Beispiel kann veranschaulicht werden, dass die körpersprachlichen Signale nicht alleine zur Interpretation heranangezogen werden sollten, sondern immer in Kombination zum verbalen Kontext gesehen werden müssen und umgekehrt. Die einseitige Interpretation von nonverbalen Signalen kann leicht zu Fehlern führen. Erschwerend kommt hinzu, dass nonverbale Signale in unterschiedlichen Kulturräumen oft unterschiedliche Bedeutungen haben. Zum Beispiel bedeutet in China ein Kopfnicken Ablehnung. Nur wenn eine eindeutige Aussage durch verbale und nonverbale Kommunikation erzeugt wird, entsteht beim Gegenüber auch eine eindeutige Wirkung.

C2: Kommunikation

Das Wort „Kommunikation" kommt aus dem lateinischen und bedeutet so viel wie: teilen, mitteilen, gemeinsam machen oder vereinigen.

Aus einer übergeordneten Sicht kann Kommunikation als Teil der menschlichen Wirklichkeit angesehen werden, indem Informationen, z.B. Sinneseindrücke, oder eine andere konkrete Form des menschlichen Erlebens mittels Sprache, Gestik und Mimik oder mittels nonverbalem Verhalten wechselseitig vermittelt werden. [18] Somit kann Kommunikation als Basis zwischenmenschlicher bzw. sozialer Beziehungen bezeichnet werden.[19]

Um ein wirkungsvolles Miteinander im sozialen Umgang mit Mitmenschen zu führen, ist es unabdinglich die Grundregeln der Kommunikation zu kennen.[20]

---

[18] *Prof. Dr. Lukau, P. (2018), 9-f.*
[19] *Prof. Dr. Lukau P. (2018), 9-f.*
[20] *Jordt/Girr/Weiland (2012), S. 58*

Die einfachste und offensichtlichste Art der menschlichen Kommunikation ist das Gespräch. Dabei werden die Informationen mittels Wörter zwischen einem Nachrichtenversender und einem Nachrichtenempfänger ausgetauscht. Bedeutsam dabei ist nicht, was vom Sender geäußert wird, sondern die Botschaft, die vom Empfänger aufgenommen wird. Probleme in der zwischenmenschlichen Kommunikation entstehen, wenn Sender und Empfänger nicht auf demselben „Kanal" kommunizieren.

2.1. Das Eisbergmodell (80/20)

Eines der bekanntesten Darstellungen, in Bezug auf die zwischenmenschliche Kommunikation ist das Eisbergmodell, das sowohl in der angewandten Psychologie, als auch in der Pädagogik zur Veranschaulichung eingesetzt wird.

Laut dem zweiten Axiom von Paul Watzlawick (1921–2007), teilt sich Kommunikation in einen Inhaltsaspekt (Sachebene) und in einen Beziehungsaspekt auf. Auf der Sachebene werden konkrete Sachverhalte mittels Sprache geäußert, sind also für das Gegenüber direkt sichtbar und erfassbar. Die Beziehungsebene dagegen vermittelt wie eine Botschaft zu erfassen ist.[21] Dies wird mittels Körpersprache bzw. nonverbalen Parametern zum Ausdruck gebracht. Dadurch sind die Aspekte der Beziehungsebene vom Gesprächspartner nicht direkt erfassbar.[22] Ein Beispiel wäre ein Vorgesetzter, der zu seinem Mitarbeiter sagt: "Das haben sie gut gemacht". Entscheidend, ob dieser Satz als ehrliches Lob oder als zynischer Kommentar aufgefasst wird, ist die Körpersprache und die Betonung des Gesagten.

Das Eisbergmodell wird aber auch oft auf das Persönlichkeitsmodell des Psychoanalytikers Sigmund Freud (1856 – 1939) zurückgeführt, wonach menschliches Handeln und rationales Denken nur zu einem kleinen Teil bewusst bestimmt sind. Freud teilte in seinem Strukturmodell die Psyche in drei Teile auf. Das „Ich", das „Es" und das „Über-Ich", wobei lediglich die Ich- Anteile der Persönlichkeit darüber entscheiden,

---

[21] *Watzlawick/Beavin/Jackson (2011), S. 61*
[22] *Uehlecke (2008), www.zeit.de (02.04.2018)*

welche Aspekte der Wahrnehmung realisierbar sind. Demnach ist laut Freud der Einfluss, den das beobachtbare Verhalten auf die bewussten Gedanken hat, irrational und meist unbewusst. Genau wie bei einem Eisberg liegt der größte Teil, des menschlichen Verhaltens, im Verborgenen – also unter der Wasseroberfläche.[23]

Das Verhältnis zwischen erfassbaren, sichtbarem Anteil und dem verborgenen Anteil wird mit einem 80:20-Verhältnis beschrieben. Übertragen auf das Kommunikationsmodell soll dieser Vergleich veranschaulichen, dass der Teil der von einer Nachricht aufgenommen wird, nur zu 20% auf die inhaltliche Kommunikation der Sachebene zurückzuführen ist. Der größere Teil der Kommunikation (rund 80%) findet auf der unbewussten Ebene, der Beziehungsebene, statt.[24]

Abbildung 2: Eisbergmodell[25]

2.2. Das Sender- Empfänger Modell nach F. Schulz von Thun

Das Sender- Empfänger Modell nach F. Schulz von Thun basiert u.a. auf dem Modell von Watzlawick, wobei Watzlawick jedoch nur zwischen Inhalts- und Beziehungsebene

[23] Ruch/Zimbardo/Angermeier/Brengelmann/Thiekötter/Gerl/Ortlieb/Ramin/Schips/Schulmerich (1975), S. 366
[24] Jordt/Girr/Weiland (2012), 58- f.
[25] Rassek (2016), www.karrierebibel.de (01.07.2018)

einer Nachricht unterscheidet, während das Sender- Empfänger Modell grundsätzlich von vier Seiten einer Botschaft ausgeht. Dabei entspricht der Inhaltsaspekt der Sachebene. Watzlawick's Beziehungsaspekt wird allerdings bei Schulz von Thuns Modell in drei weitere Aspekte unterteilt. Diese sind Selbstkundgabe, Appell und Beziehungsebene.[26] Des Weiteren unterscheidet das Modell die Nachrichten zwischen der Sender-Perspektive und der Empfänger Perspektive. Im Folgenden werden die vier Seiten einer Nachricht am Beispiel der Aussage: „Die Ampel ist grün" aus der Perspektive des Senders näher betrachtet.

Sachinhalt der Nachricht

Der Sachinhalt informiert mittels Sachinformationen, in diesem Falle, dass die Ampel grün ist.[27]

Selbstoffenbarung

Die Selbstoffenbarung beinhaltet neben der Sachinformation noch weitere Informationen und zwar Informationen, die der Sender über sich selbst preisgibt. Am Beispiel der roten Ampel kann zum Beispiel davon ausgegangen werden, dass der Fahrer fahrtüchtig ist und es ggf. eilig hat.[28]

Appell

Der Appell-Aspekt hat neben der Informationsübermittlung die weitere Funktion auf den Empfänger Einfluss zu nehmen. Zum Beispiel könnte er dem Fahrer mitteilen wollen, dass dieser etwas schneller fahren soll, um noch bei grün über die Kreuzung zu gelangen.[29]

Beziehungsaspekt der Nachricht

Der Beziehungsaspekt einer Nachricht vermittelt dem Empfänger was der Sender von ihm hält und wie Sender und Empfänger zueinander stehen. Oft wird dieser Aspekt einer

---

[26] Schulz von Thun (2008), S. 30
[27] Schulz von Thun (2008), S. 26
[28] Schulz von Thun (2008), S. 26
[29] Schulz von Thun (2008), S. 29

Nachricht besonders vom Empfänger wahrgenommen. Entsprechend des Beziehungsaspekt einer Nachricht fühlt sich der Empfänger gut oder schlecht behandelt. Der Beziehungsaspekt drückt sich meist in der Wort- und Tonwahl aus. Am obigen Beispiel könnte zum Beispiel der Mann seiner Frau unterschwellig suggerieren wollen, dass sie zu langsam fahre, in dem er die Aussage macht: „Die Ampel ist grün!"[30]

Abbildung 3: Vier Seiten einer Nachricht
(Quelle: Eigene Darstellung)

Entsprechend der vier verschiedenen Aspekte einer Nachricht, hat auch der Empfänger vier verschiedene Kanäle mit welchen er die Nachricht aufnimmt. Bei F. Schulz von Thun wird dies mit dem Vierohren- Modell dargestellt.

Vergleichbar mit der Senderperspektive werden auch die Empfänger Aspekte in **Sachohr**, **Beziehungsohr**, **Appellohr** und **Selbstoffenbarungsohr** eingeteilt. Unabhängig davon auf welchem Kanal der Empfänger seine Nachricht versendet, kanalisiert der Empfänger die Nachricht nach eigenem Ermessen in eine der Ebenen. Probleme in der Kommunikation entstehen immer dann, wenn Sender und Empfänger nicht auf der selben Ebene kommunizieren. Im Folgenden wird zur Veranschaulichung eine Situation aus dem beruflichen Alltag geschildert.

---

[30] *Schulz von Thun (2008), S. 27*

2.3. Praxisbeispiel: Kommunikationsmodell

Das folgende, aus der Praxis entnommene Beispiel zeigt, wie unterschiedliche Interpretationen - je nachdem mit welchem Ohr die Botschaft aufgenommen wurde - zu Missverständnissen bzw. Unstimmigkeiten im Arbeitsalltag führen können.

Das Kommunikationsmodell von F. Schulz von Thun lässt sich anhand eines Beispiels leicht in den beruflichen Alltag übertragen. Man stelle sich H. Schulz, den Geschäftsführer eines großen Automobilkonzerns vor, und seine Sekretärin, Frau Rieger, die diese Stelle erst seit wenigen Monaten besetzt. Trotz des hektischen Arbeitsalltags versucht Frau Rieger immer wieder die kurze Zeit zwischen den Terminen zu nutzen, um sich mit Ihrem Chef abzustimmen und die Arbeit in seinem Sinne erledigen zu können. Sie kommuniziert dabei auf Sachebene und fragt zum Beispiel welche Flugverbindungen er für seine kommende Überseereise am liebsten nutzen und welches Hotel er bevorzugen würde. An einem besonders hektischen Tag antwortet der Chef auf eine dieser Fragen allerdings ungehalten und barsch: „Sie müssen doch so langsam wissen, welches Hotel ich normalerweise nutze, wenn ich in Shanghai bin!" Frau Rieger fühlt sich persönlich angegriffen und nimmt diese Aussage als Kritik auf dem Beziehungsohr wahr. Als Frau Rieger an diesem Tag Feierabend macht, trifft sie sich noch mit einer Freundin, um sich mit ihr über ihren Chef auszutauschen. Die Freundin rät ihr die Situation nicht zu persönlich zu nehmen. „Der Chef war bestimmt nur überarbeitet und genervt wegen den vielen Terminen und dem Stress." Die Aussage des Chefs sollte demnach von Frau Rieger eher unter dem Aspekt der Selbstoffenbarung gesehen werden und nicht als Kritik an ihrer Person. Frau Rieger beruhigt sich tatsächlich durch die differenziertere Betrachtung auf die geführte Konversation. Am nächsten Tag sucht sie das Gespräch mit Ihrem Chef. Sachlich fragt sie ihn, wie sie sich in Zukunft verhalten solle. Sie fragt ob sie zukünftig weiterhin bzgl. seiner Vorlieben fragen sollte oder in eigenem Ermessen entscheiden könne. In diesem Moment entschuldigt sich der Chef für das Verhalten des Vortages. Er wäre tatsächlich gestresst gewesen, weshalb er sich im Ton vergriffen habe. „Bitte fragen sie mich weiterhin, wenn es Unklarheiten bzgl. einer Reiseorganisation gibt", fügt er noch hinzu. Dieser letzte Satz kann als Appell bzw. Arbeitsanweisung auf Sachebene gesehen werden.

C3: Moderation

Viele Menschen denken bei dem Wort „Moderation" zuerst an Fernsehshows oder Radiosendungen, allerdings ist im beruflichen Kontext die Tätigkeit der Moderation weit mehr als das pure moderieren von Ereignissen oder das Leiten von Gesprächen.[31] Bei der Moderation im beruflichen Kontext geht es hauptsächlich darum, die Zusammenarbeit zwischen Menschen zu fördern. Diesbezüglich teilt J.B. Sperling die Förderung der menschlichen Zusammenarbeit in drei unterschiedliche Stufen auf.

1. Stufe: Gesprächsleitung:

Die Gesprächsleitung soll zu einem konstruktiven Meinungsaustausch führen und kommt vor allem bei Routinebesprechungen oder Informationsveranstaltungen zum Tragen. Sie hat zum Ziel ein Gespräch zu ordnen und zu strukturieren. Demnach achtet der Gesprächsleiter auf die Zeit, dass Wortmeldungen einzelner Besprechungsteilnehmer nicht untergehen und dass eine bestimmte Reihenfolge eingehalten wird kurzum, dass die Gesprächsdisziplin eingehalten wird. Im beruflichen Alltag übernehmen oft die Vorgesetzten, bzw. Führungskräfte die Rolle der Gesprächsleitung, da diese sich auch in der hierarchischen Position befinden, ein Gespräch zu beenden.[32]

2. Stufe: Moderation:

Die Moderation geht, wie bereits erwähnt, über das Leiten eines Gesprächs hinaus. „Moderation bedeutet das Gestalten und Steuern eines Problemlösungs- oder Entscheidungsprozesses, an dem mehrere Personen beteiligt sind."[33] Somit ist das Ziel der Moderation die Bildung einer gemeinsam getragenen Meinung, bzw. Entscheidung. Dabei kann es um das Lösen eines komplexen Problems, aber auch um das Treffen einer Entscheidung gehen. Moderationen werden immer dann gebraucht, wenn verschiedene Kompetenzen zur Lösung eines Sachverhalts benötigt werden.

---

[31] *Kanitz (2016), S. 12*
[32] *Sperling/Stapelfeldt/Wasseveld (2007), S. 12*
[33] *Sperling/Stapelfeldt/Wasseveld (2007), S. 12*

Moderatoren sollten aus einer neutralen Position heraus agieren, also nicht zeitgleich Vorgesetzte der involvierten Personen sein.[34]

3.Stufe: Prozessbegleitung:

In den heutigen Zeiten mit ständiger Weiterentwicklung und Veränderung müssen sich Unternehmen, um Überlebensfähig zu bleiben, ständig weiterentwickeln. Die Prozessberatung übernimmt bei diesen Veränderungsprozessen eine unterstützende und beratende Funktion. Interne oder externe Change Manager beraten bzgl. der Gestaltung des Veränderungsprozesses und achten darauf das die Interessen aller involvierten Personen berücksichtigt werden.

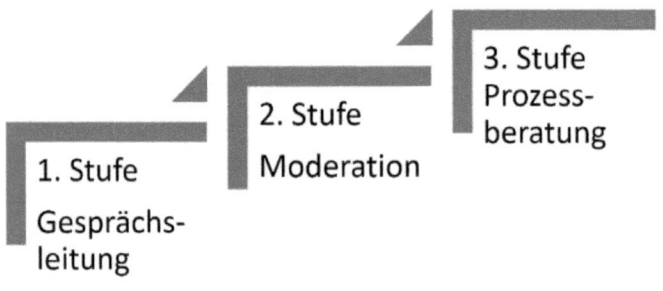

Abbildung 4: Säulen der berufl. Zusammenarbeit
(Quelle: Eigene Darstellung in Anlehnung an Sperling, (2007)

Die Übergänge der dargestellten Stufen sind fließend zu betrachten. So sollte ein Moderator sowohl die Zusammenarbeit und die Kommunikation bei Veränderungsprozesses mittels methodischer Kompetenz fördern können, als auch moderieren und ein Gespräche anleiten können.[35]

---

[34] Sperling/Stapelfeldt/Wasseveld (2007), S. 12
[35] Sperling/Stapelfeldt/Wasseveld (2007), S. 12

3.1. Moderationsprozess

Ein Moderationsprozess unterscheidet sich von einem herkömmlichen Gesprächsablauf dadurch, dass die Moderation einen festgelegten Ablauf hat. Dieser Ablauf ist notwendig, um die verschiedenen Aspekte einer Moderation zu berücksichtigen. Zu diesen Aspekten einer jeden Moderation zählen neben **der inhaltlichen Ebene**, also dem eigentlichen Thema, auch **die zwischenmenschlichen Aspekte** die eine Gruppenatmosphäre entstehen lassen und die **äußeren Einflussfaktoren**, wie zum Beispiel der Arbeitssituation der involvierten Teilnehmer oder der Veranstaltungsort an sich. Auch die **Arbeitsmethodik** wird als einer der vier wesentlichen Aspekte einer Moderation im Moderationsprozess mitberücksichtigt.[36]

Anbei eine grafische Darstellung zur Verdeutlichung des Ablaufs eines Moderationsprozesses:

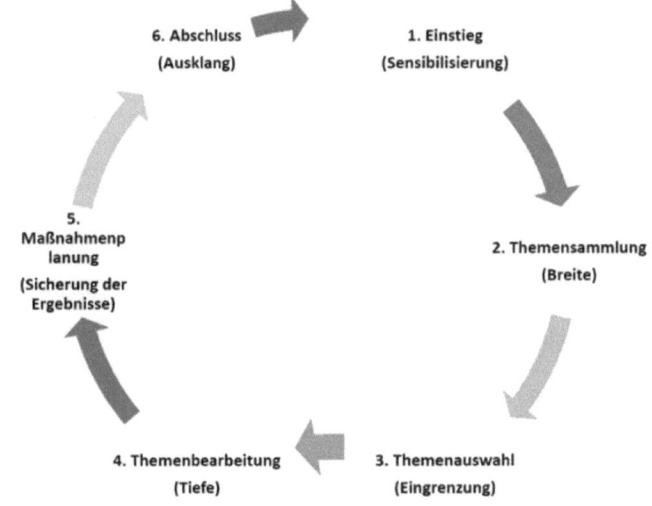

Abbildung 5: Moderationskreislauf,
(Quelle: Eigene Darstellung)

---

[36] *Prof. Dr. Lukau (2018), S. 101*

Gemäß dem Moderationsmodell beginnt jeder Moderationskreislauf mit dem **Einstieg**. Dazu zählen nebst der Festlegung des Themas, bzw. des Ziels auch weitere organisatorischen Informationen wie der zeitliche Ablauf, Verantwortlichkeiten bzgl. Methodik, Moderation und Ergebnissicherung. Sind diese organisatorischen Details im Vorfeld, bzw. zu Beginn geklärt, lässt sich ein so genannter Panikstart vermeiden. Ein Panikstart entsteht durch einen überhasteten Einstieg ins Thema ohne das den Teilnehmern weitere Information zum Ablauf und zur Organisation gegeben sind. Durch einen Panikstart entsteht meist Verwirrung und Durcheinander bei den Teilnehmern. Um das zu vermeiden sollte die organisatorische Klärung mit der inhaltlichen Zielsetzung einhergehen und jeden Moderationsprozess eröffnen.[37]

Direkt nach dem Einstieg ins Thema, erfolgt die **Themensammlung** durch die Teilnehmer. Zunächst werden unter diesem Punkt alle Punkte aufgenommen die den Teilnehmern zum definierten Thema relevant erscheinen. Erst im drauffolgenden dritten Punkt, wird gemeinsam darüber abgestimmt welche Punkt weiterverfolgt werden sollen und welche ggf. nicht die benötigte Relevanz besitzen. Dies ist der Schritt der **Themeneingrenzung**. Um die nun definierten Punkte näher zu erörtern, wird meist in Gruppenarbeit oder Diskussionen damit begonnen das Thema von allen Seiten zu durchleuchten.[38] Die **Themenbearbeitung** schließt meist durch die Vorstellung und Dokumentation der jeweiligen Gruppenergebnisse. Die Ergebnisse in einen **Maßnahmenplan** zu überführen um sie festzuhalten, ist der letzte aktionsgeprägte Punkt, innerhalb des Moderationsprozesses. Danach folgt noch eine Zusammenfassung durch den Moderator, was zum Ausklang der Veranstaltung führt. Dann ist der Moderationsprozess mit einer maximal möglichen Ergebnisfindung beendet.[39]

---

[37] *Prof. Dr. Lukau (2018), S. 103*
[38] *Prof. Dr. Lukau (2018), S. 102*
[39] *Prof. Dr. Lukau (2018), S. 103*

3.2. Fallbeispiel: Eine Moderation übernehmen

Die Hauptaufgaben eines Moderators sind klar definiert. Ein Moderator agiert als ein neutraler Gesprächspartner, der es einer Gruppe bzw. mindestens zwei Personen ermöglicht in einer guten Atmosphäre zielorientiert und konstruktiv zu arbeiten. Aus dem klassischen Verständnis einer Moderation sollte der Moderator keinen eigenen Standpunkt verfolgen, beziehungsweise sollte inhaltlich nicht involviert sein. Im Gegenteil, die Neutralität gegenüber den verschiedenen Meinungen der Gruppenmitglieder ermöglicht es dem Moderator erst sich auf die Teilnehmer gleichermaßen einzulassen und auch ungewöhnliche Meinungen und Standpunkte mit in Betracht zu ziehen. Somit ist der Moderator nicht für die inhaltlichen Ergebnisse verantwortlich, sondern vielmehr dafür, dass einheitliche Ergebnisse erzielt werden.[40]

Im vorliegenden Praxisfall ist zu klären, ob der Moderator zum Einen für die Übernahme der Moderation ausreichend qualifiziert ist, d.h. über die notwendige Sozial- und Methodenkompetenz verfügt und zum Anderen ob die Randbedingungen für eine Moderationsübernahem gegeben sind. Dazu sind zunächst die Rollenverhältnisse eines jeden Einzelnen, als auch das Zusammenspiel miteinander zu betrachten.

Von der fachlichen Qualifikation kann im vorliegenden Fall ausgegangen werden, da der Vorgesetzte schon zu erkennen gab, dass er die Expertise des gewünschten Moderators sehr schätze. Da der Moderator auch selbst Mitarbeiter des Vorgesetzten ist, muss dennoch bereits vor der Moderation seine Rolle klar kommuniziert sein, da ansonsten Eifersucht zwischen den Konfliktparteien und dem Moderator entstehen könnten.
Bzgl. der Ausgangslage ist des Weiteren positiv zu vermerken, dass der Moderator die konfliktbetroffenen Personen nicht persönlich kennt. Das ermöglicht ihm eine neutrale Position innerhalb der Moderation und keine Verflechtungen auf der Beziehungsebene. Dass er die Personen bereits getroffen hat, schafft dennoch Vertrauen, denn die Betroffenen müssen sich somit nicht vor einer komplett fremden Person positionieren.

---

[40] Kanitz (2016), S. 19

Desweiteren ist die Rolle des Vorgesetzten zu den Konfliktparteien genauer zu betrachten: Ist es ein vertrauensvolles Verhältnis in welchem auch Fehler eingestanden werden können, oder herrscht eine angespannte Atmosphäre des Drucks? Wäre dies der Fall wäre davon abzuraten, dass der Vorgesetzte an der Sitzung selbst teilnimmt, da die involvierten Personen ansonsten befangen wären und ggf. um ihr Gesicht zu wahren, nicht bereit wären eigene Fehler einzugestehen.

Des Weiteren müssen die Erwartungen der beteiligten Personen einzeln geklärt werden. Mit dem Vorgesetzten muss eine Art „Auftragsklärung" stattfinden. Erwartet er zum Beispiel, dass eine bestimmte Person nachgeben soll, so kann die Moderation nicht neutral übernommen werden. Ist er jedoch an der eigentlichen Aufdeckung des Problems interessiert, wie auch immer dieses Problem aussehen mag, so kann mit einer realistischen Erwartungshaltung an die Moderation herangegangen werden. Ebenso verhält es sich mit den verstrittenen Mitarbeitern: Sollten die entsprechenden Personen nicht bereit sein, sich die Schilderungen des Anderen anzuhören, sondern stattdessen nur daran interessiert sein ihren Standpunkt zu vertreten, so wird eine Moderation erfolglos bleiben. In Vorab-Gesprächen sollte deswegen vermittelt werden, dass es grundsätzlich darum geht eine Lösung mittels eines Kompromiss zu finden.

Der Moderator ist außerdem für den organisatorischen Ablauf der Besprechung verantwortlich. Detaillierter betrachtet muss er sich also darum kümmern, dass ein neutraler Raum zur Verfügung steht, in welchem das Gespräch stattfinden kann und dass ggf. Moderationsmaterial, wie Flipchart und Markerstifte bereitstehen.

Mittels unterschiedlicher Methoden kann dann das Thema vom Moderator so vorbereitet werden, so dass alle Teilnehmer miteinander in Interaktion treten können. Solche Methoden reichen von einfachem Mindmapping bis zu gezielten Fragen bzw. Darstellung von Themenspeichern. Während der Moderation ist es die Aufgabe des Moderators die beiden Parteien dabei zu unterstützen nicht vom Thema abzukommen und bei der Sache zu bleiben. Damit Erarbeitetes, bzw. Gesagtes nicht während des Gesprächsverlaufs in Vergessenheit gerät sollte der Moderator wichtige Zwischenergebnisse und Standpunkte notieren und mittels Moderationstechniken visualisieren. Dies kann zum Beispiel mit Hilfe von Pinnwände und unterschiedlich farbigen Bubbles erfolgen. Durch dieses Vorgehen können trotz, unterschiedlicher Standpunkte dennoch Gemeinsamkeiten entdeckt werden, auf welche im weiteren

Gesprächsverlauf aufgebaut werden kann. Während des gesamten Prozesses ist der Moderator als ein Vorbild für eine klare und neutrale Kommunikation für alle Beteiligten zu sehen. Deswegen ist es wichtig, dass seine Wortwahl wertschätzend und sorgfältig ausgewählt ist, um nicht unbeabsichtigt den Konfliktherd anzuschüren.[41]

Zum Schluss einer Moderation ist es essentiell die erarbeiteten Ergebnisse nochmals für alle zusammenzufassen, um zu veranschalichen zu welchem gemeinsamen Ergebnis man gekommen ist und ob alle mit diesem Ergebnis einverstanden sind.

Die Moderation kann im vorliegenden Fall durch den Verfasser des Textes übernommen werden, wenn die Rollen im Vorfeld, klar kommuniziert und die Erwartungshaltungen genau definiert sind. Desweiteren sollten die beschriebenen Methoden und Sozialkompetenzen vom Verfasser des Textes zu erfüllen sein. Kann er den beschriebenen Anforderungen entsprechen kann die Moderation übernommen werden.

---

[41] *Kanitz (2016), 20-f.*

Internetquellen

Rassek, A. **(2016)**, Eisbergmodell: Zwischen den Zeilen lesen, in: https://karrierebibel.de/eisbergmodell/. (aufgerufen am 01.07.2018)

Uehlecke **(2008)**, Kommunikation vom Rauchzeichen bis zum Emotion, in: http://www.zeit.de/2008/36/Ode-Komm-Stichw. (aufgerufen am 02.04.2018)

Literaturverzeichnis

Jordt, M./Girr, T./Weiland, I. (2012), Erfolgreich IGeLn. Analyse, Organisation, Vermarktung, 2. Aufl., Berlin, Heidelberg.

Kanitz, A. (2016), Crashkurs Professionell Moderieren, Freiburg, München.

Molcho, S./Klinger, T./Lusznat, H. (1986), Körpersprache, München.

Prof. Dr. Lukau P. (2018), Kommunikation: Theorien, Modelle und Techniken. Titel-Nr. 1365-01, Studienbrief, SRH Fernhochschule, Riedlingen.

Püttjer, C./Schnierda, U. (2001), Erfolgsfaktor Körpersprache. Sicher auftreten im Beruf, Frankfurt/New York.

Rassek A. (2016), Eisbergmodell: Zwischen den Zeilen lesen, in: https://karrierebibel.de/eisbergmodell/.

Röhner, J./Schütz, A. (2016), Psychologie der Kommunikation, 2. Aufl., Osnabrück.

Ruch, F. L./Zimbardo, P. G./Angermeier, W. F./Brengelmann, J. C./Thiekötter, T. J./Gerl, W./Ortlieb, S./Ramin, G./Schips, R./Schulmerich, C. (1975), Lehrbuch der Psychologie.

Eine Einführung für Studenten der Psychologie, Medizin und Pädagogik, Berlin, Heidelberg, s.l.

Schulz von Thun, F. (2008), Miteinander reden: 1. Störungen und Klärungen, Allgemeine Psychologie der Kommunikation, 2008. Aufl., Reinbek bei Hamburg.

Sperling, J. B./Stapelfeldt, U./Wasseveld, J. (2007), Moderation. Teams professionell führen mit den besten Methoden und Instrumenten ; inklusive CD-ROM, plus alle Tools als Kopiervorlage, plus Tipps zur Konfliktlösung, plus DIN A 1-Moderationsplaner, Planegg.

Uehlecke (2008), Kommunikation vom Rauchzeichen bis zum Emotion, in: http://www.zeit.de/2008/36/Ode-Komm-Stichw.

Watzlawick, P./Beavin, J. H./Jackson, D. (2011), Menschliche Kommunikation. Formen, Störungen, Paradoxien, 12. Aufl., Bern.